AF296824

SEMIRAMIS,
TRAGEDIE

REPRESENTÉE POUR LA PREMIERE FOIS
PAR L'ACADÉMIE ROYALE
DE MUSIQUE,

Le Mardy 29. Novembre 1718.

Le prix est de trente sols.

A PARIS,

Chez PIERRE RIBOU, seul Libraire de l'Académie
Royale de Musique, Quai des Augustins, à la
quatriéme Boutique en descendant
du Pont-Neuf, à l'Image S. Loüis.

Yf

M D C C X V I I I.

Avec Approbation & Privilege du Roi.

PRIVILEGE DU ROY.

LOUIS par la grace de Dieu Roi de France & de Navarre: A nos amés & feaux Conseillers les gens tenans nos Cours de Parlement, Maîtres des Requêtes ordinaires de nôtre Hôtel, Grand Conseil, Prevôt de Paris, Baillifs, Senechaux, leurs Lieutenans Civils, & autres nos Justiciers qu'il appartiendra, Salut. Les Sieurs Besnier Avocat en Parlement, Chomat, Duchesne, & de la Val de S. Pont, Bourgeois de nôtre bonne ville de Paris, Nous ont fait remontrer, qu'en consequence de l'Arrêt de nôtre Conseil du 12. Decembre 1712. du Traité fait entre eux & les Sieurs de Francine & Dumont le 24. desd. mois & an, & de nos Lettres Patentes du 8. Janvier ensuivant, confirmatives du Traité, ils auroient acquis le Privilege de faire representer les Opera durant le tems de vingt années, à compter du 20. Aout 1712. ainsi que le Privilege de la vente des paroles desd. Opera, lesquelles ils desireroient faire imprimer pour les donner au Public, s'il Nous plaisoit leur accorder nos Lettres de Privilege sur ce necessaires, A CES CAUSES desirant favorablement traiter les Exposans, attendu les charges dont l'Académie Royale de Musique se trouve oberée, & les grandes depens qu'il convient de faire tant pour l'impression que pour la gravure en taille-douce des planches dont ce Livre sera orné, Nous leur avons permis & permettons par ces Presentes de faire imprimer & graver les Paroles & la Musique, de tous lesd. Opera qui ont été ou qui seront representées par l'Académie Royale de Musique, tant separément que conjointement, en telle forme, marge, caractere, nombre de volumes & de fois que bon leur semblera, & de les faire vendre & debiter par tout nôtre Royaume pendant le tems de dix-neuf années consecutives, à compter du jour de la datte desdites Presentes. Faisons defenses à toutes personnes, de quelque qualité & condition qu'elles puissent être, d'en introduire d'impression étrangere dans aucun lieu de nôtre obeïssance, & à tous Imprimeurs, Libraires, Graveurs, & autres, d'imprimer, faire imprimer, vendre, faire vendre, debiter, ni contrefaire lesdites impressions, planches & figures, en tout ni en partie, sans la permission expresse & par écrit desd. Sieurs Exposans, ou de ceux qui auront droit d'eux, à peine de confiscation des exemplaires contrefaits, de six mille liv. d'amende contre chacun des contrevenans, dont un tiers à nous, un tiers à l'Hôtel-Dieu de Paris, l'autre tiers ausdits Sieurs Exposans & de tous dépens, dommages & interêts, à la charge que ces Presentes seront enregistrées tout au long sur le Registre de la Communauté des Imprimeurs & Libraires de Paris, & ce dans trois mois de la datte d'icelles, que la gravure & impression desdits Opera sera faite dans nôtre Royaume & non ailleurs, en bon papier & en beaux caracteres, conformement aux Reglemens de la Librairie, & qu'avant de les exposer en vente il en sera mis deux Exemplaires dans nôtre Bibliotheque publique, un dans celle de nôtre Château du Louvre, & l'autre dans celle de nôtre très-cher & feal Chevalier Chancelier de France le Sieur Phelypeaux Comte de Pontchartrain, Commandeur de nos Ordres, le tout à peine de nullité des Presentes : du contenu desquelles vous mandons & enjoignons de faire joüir lesd. Sieurs Exposans, ou leurs ayans cause, pleinement & paisiblement, sans souffrir qu'il leur soit fait aucun trouble ou empêchement. Voulons que la copie desdites Presentes, qui sera imprimée au commencement ou à la fin desd. Opera, soit tenuë pour duëment signifiée, & qu'aux copies collationnées par l'un de nos amés & feaux Conseillers & Secretaires foit soit ajoutée comme à l'Original. Commandons au premier nôtre Huissier ou Sergent de faire pour l'execution d'icelles tous actes requis & necessaires, sans demander autre permission, & nonobstant Clameur de Haro, Charte Normande, & Lettres à ce contraires: Car tel est nôtre plaisir. Donné à Versailles le 20. jour d'Aoû. l'an de Grace 1713. & de nôtre Regne le soixante-onziéme. Par le Roi en son Conseil. Signé BESNIER avec paraphe, & scellé.

Nous avons cedé à M. Ribou le present Privilege suivant le Traité fait avec lui le 27. Juillet dernier 1713. A Paris le 22. Aout 1713. Signé, BESNIER.

Registré sur le Registre avec la Cession n. 3. de la Communauté des Libraires & Imprimeurs de Paris, page 648. n. 731. conformément aux Reglemens, & notamment à l'Arrêt du 13. Aout 1703. Fait à Paris ce 11. Septembre 1713. L. JOSSE, Syndic.

AVERTISSEMENT.

IL est peu de noms plus celebres que celui de Semiramis. Tous les Auteurs ont parlé de son ambition, de sa magnificence & de sa mort. Elle perit par la main de son Fils pour qui elle avoit conçu une passion criminelle. C'est cet évenement qu'on met sur la Scene. On a cherché pour l'amener, les moyens les moins odieux & les plus interessans.

On feint que le Ciel est irrité des crimes de Semiramis, qui menacée d'être tuée par son Fils l'avoit fait exposer au moment de sa naissance. Maitresse du Trône elle y veut placer Arsane jeune inconnu qu'elle aime, & en éloigner Amestris sa Niéce, heritiere de l'Empire. Elle l'oblige à se consacrer au culte des Dieux, & se sert du pretexte de les apaiser par le choix d'une Prêtresse du Sang Royal. Le Ciel n'y consent pas ; il veut une Victime. L'ambiguité des oracles, se conforme aux détours par lesquels il conduit ses vangeancès, fait tomber l'apparence du peril sur Amestris. C'est pour la délivrer qu'Arsane son Amant fait des efforts qui aboutissent malgré lui à la mort de Semiramis. Outre le soin qu'on a pris de cacher au Fils & à la Mere ce qu'ils sont l'un à l'autre, on a rejetté une partie de l'action sur Zoroaſtre Roi de la Bactriane, inventeur de la Magie, Contemporain de Semiramis & trahi par elle. Il rend Arſane furieux & le deſeſpoir de l'un & le trouble de l'autre, ſervent à executer l'Arrêt du Ciel contre la Reine.

Les remords dont elle combat ſa paſſion, ceux qu'elle témoigne en reconnoiſſant ſon Fils & en mourant, ſont les ſecours par leſquels le Theatre concilie la pitié aux perſonnages les plus coupables.

A l'égard d'Ameſtris ſa conſecration n'eſt pas une idée contraire à la vraiſemblance, puiſque tant * d'Auteurs Sacrés & Profanes aſſurent que longtems avant les Veſtales de Rome l'Idolatrie avoit dévoüé des Vierges au ſervice des Autels. On a choiſi les circonſtances dans leſquelles la Princeſſe ſe dévoüe Sortie d'une longue captivité, liée par un ſerment & par la neceſſité du bonheur public, elle ſacrifie ſes droits à la Couronne, & une paſſion legitime. Enfin ſes malheurs ſont reparez & ſa vertu récompenſée.

* Euſeb. Præp. Evang. Arnob. adv. gent. Lactance, Plutarque. du Tard. chat. de la Divinité. Tarvil. Annal.

ACTEURS & ACTRICES CHANTANS
dans tous les Chœurs du Prologue & de la Tragedie.

COSTE' DE LA REINE.	COSTE' DU ROI.
Mesdemoiselles	*Mesdemoiselles*
Limbourg.	Constance.
Millon.	Tulou.
Guillet.	La Garde.
La Roche.	Veron.
Tettelette.	Courbois.
Fleury.	Rubantel.
Messieurs	*Messieurs*
Corbie.	Morand.
Lemire-L.	Venec pere.
Fauſſié.	Alexandre.
Thomas.	Buſeau.
Dautrep.	Deshais.
Houbeau.	Lebel.
Duchesne.	Dupleſſis.
Naudé.	Corail.

ACTEURS CHANTANS
DU PROLOGUE.

LINUS, *Fils d'Apollon, inventeur des Arts, & char-*
gé de l'Education d'Hercule. Monsieur Dubourg.
CLIO, *Muse, qui préside à l'Histoire,* Mlle. la Garde.
URANIE, *Muse de l'Astronomie, qui préside aux Horosco-*
pes. Mademoiselle Toulou.
UNE DRYADE, Mademoiselle Constance.
Une autre DRYADE, Mademoiselle Limbourg.

ACTEURS DANSANS
DU PROLOGUE.

FAUNES.

Monsieur D. Dumoulin.
Messieurs P. Dumoulin, Danneville, Laval, Guyot,
Dupré, Pierret.

DRYADES.

Mesdemoiselles la Feriere, Haran, le Roi-C., Brünel,
Châteauvieux, Duval.

PROLOGUE.

PROLOGUE.

L'EDUCATION D'HERCULE.

L'Education d'Hercule fut confiée a Linus inventeur de la Musique & de plusieurs autres Arts, & Fils de Mercure & de la Muse Uranie qui préside aux Horoscopes. Theocrite. Noel le Comte Liv. 3. C. 5. Apollodore.

SCENE PREMIERE.

Le Theatre represente un lieu Champêtre, & dans l'éloignement la Ville de Thebes.

LINUS, CLIO.

LINUS.

DU fils de Jupiter mes mains forment l'enfance,
Et ce dépôt sacré va croître sous nos yeux.
HERCULE est des Mortels la plus chere
    esperance :
    Puisse le bonheur de ces lieux
Devenir de mes soins l'unique recompense !

b

CLIO.

Je lui peins les Vertus du dernier de vos Rois ,
Des Heros de son sang les travaux dans la Guerre.

Lieux marquez de ses pas , beaux lieux , heureuse
Terre,
  Goutez là douceur de ses Loix.

ENSEMBLE.

Lieux marquez , &c.

CLIO.

Inspirons nos transports à toute la nature ;
  Echos, repetez nos chansons.
  Onde, coulez encore plus pure,
  Ranimez ces Gazons.
Favoris du Printems, redoublez vos ramages
A cet Astre naissant présentez vos hommages,

LINUS & CLIO.

Vous que nos chants animent tour à tour ,
  Faunes, Silvains qu'à nos voix tout reponde.
Dryades, accourez , célebrez l'heureux jour
  Qui fit ce present au monde.
Son grand nom doit remplir le Ciel , la Terre &
  l'Onde.
  Volez , plaisirs , volez, regnez dans ce sejour.

SCENE II.
LINUS, CLIO, FAUNES, DRYADES.
CHOEUR.

SOn grand nom doit remplir le Ciel, la Terre &
l'Onde :
Volez, plaisirs, volez, regnez dans ce sejour.
Celebrons l'heureux jour,
Qui fit ce present au monde.

On danse.

UNE DRYADE.
Jeunes beautez, voici le tems de plaire,
Du tendre Amour menagez les faveurs :
Que de beaux jours perdus quand on differe,
Que de plaisirs quand on sent ses ardeurs !

CHOEUR.
Jeunes beautez, &c.

LA DRYADE.

Suivez ses pas, son flambeau vous éclaire,
Il vous conduit par des chemins de fleurs :
S'ils sont fermez par la sagesse austere,
Faites-la taire,
Croyez-en vos cœurs.

CHOEUR.
Jeunes beautez, &c.

PROLOGUE.

LINUS.

Vous dont je tiens le jour { LINUS & CLIO } ô celeste Uranie

Devoilez-nous le sort d'une si belle vie.

SCENE III.

URANIE *assise sur le Zodiaque avec les signes favorables,
Astrée avec la Balance, Orphée avec sa Lyre, &c.* LINUS,
CLIO, FAUNES, DRYADES.

URANIE.

JE lis dans l'avenir le destin des Heros ;
Sur la voûte des Cieux ma main grave leur gloire.
ALCIDE à l'Univers doit donner le repos,
J'assure à ses vertus l'immortelle memoire.

LINUS & le CHOEUR,
Alternativement.

Ainsi que l'Aurore,
Vous annoncez les beaux jours,
Que le Soleil fait éclore.
Qu'il va briller dans son cours !
Et les fleurs & les fruits naîtront de sa presence,
On verra regner les Amours,
Entre la Paix & l'Abondance.

On danse.

UNE DRYADE.

Tendre Amour, regne en nos fêtes,
Et prepare tes conquêtes
Par les Jeux & les plaisirs.

Tu nous fais d'heureux loisirs.
Pour offrande
Ne demande,
Que l'ardeur de nos soupirs.

Vien combler tous nos desirs.
La Jeunesse
Sans tendresse
Est un Printems sans Zephirs.

CLIO.

Qu'ALCIDE soit toujours l'objet de nos concerts.

LINUS & CLIO.

Echos repetez dans les airs,
C'est l'ouvrage des Cieux, l'ornement de la Terre.
Qu'il renverse à son gré mille Monstres divers,
Qu'un éternel repos soit le fruit de la Guerre!

CHOEUR.

Echos repetez, &c.

Fin du Prologue.

ACTEURS CHANTANS
DE LA TRAGEDIE.

SEMIRAMIS, *Reine de Babylone*, Mlle. Antier.

SAMESTRIS, *Princeſſe du Sang Royal*, Mlle. Journet.

ARSANE *ou* NINUS, *Fils de Semiramis, Amant d'Ameſtris*,   Monſieur Cochereau.

ZOROASTRE, *Roi de la Baſtriane, Amant de Semiramis.*   Monſieur Thevenard.

UN BABYLONIEN,   Monſieur Muraire.

UNE BABYLONIENNE,   Mlle. Limbourg.

UN GENIE,   Monſieur Muraire.

Une Prêtreſſe de Jupiter,   Mlle. La Garde.

L'Ordonateur des Jeux funebres,   Monſieur Dubourg.

Chœur de Babyloniens.

Chœur des Genies Elementaires.

Chœur de Demons & de Magiciens.

Chœur de Prêtres & Prêtreſſes de Jupiter.

Chœur de Peuples pour les Jeux funebres de Ninus.

ACTEURS DANSANS

DE LA TRAGEDIE.

ACTE PREMIER.

BABYLONIENS.

Meſſieurs Dumoulin L., Marcel L., P. Dumoulin, Laval,
Dupré, Pierret.

BABYLONIENNES.

Mademoiſelle Prevoſt.

Meſdemoiſelles le Roi-C., Dupré, Haran, Brunel,
Lemaire, Duval.

ACTE SECOND.

PEUPLE ELEMENTAIRE.

Meſdemoiſelles Prevoſt, Guyot.

Meſſieurs Dumoulin L., Dupré, Pierret.

Meſdemoiſelles le Roi-C., Dupré, Corail.

Meſſieurs F. Dumoulin, D. Dumoulin, Laval.

Meſdemoiſelles la Feriere, Haran, Brunel.

ENFANS DANSANS.

Meſſieurs Roque, Paris, Alain.

Meſdemoiſelles Clement, Batiſte, Paris.

ACTE TROISIEME.

MAGICIENS.

Meſſieurs Dangeville, Laval, Javilliers, Guyot,
Maltaire, Marcel C.

MAGICIENNES.

Meſdemoiſelles Châteauvieux, Brunel, Lemaire, le Roi-L.
Duval, Mangot.

DEMONS.

Meſſieurs Blondy, Marcel-L., Dupré.

ACTE QUATRIEME.

Mademoiſelle Guyot.
Meſdemoiſelles Haran, Châteauvieux, Dupré, Duval,
Lemaire, le Roi-L.

PRESTRE.

Monſieur Blondy.
Meſſieurs Marcel-L., Dupré.
Meſſieurs F. Dumoulin, P. Dumoulin, Dangeville,
Maltaire.

ACTE CINQUIEME.

SOLDATS BABYLONIENS.

Meſſieurs Ferand, Javilliers, Dupré, Pierrer, Dangeville,
Laval, Guyot, Maltaire.

SEMIRAMIS,

SEMIRAMIS,
TRAGEDIE.

ACTE PREMIER.

SCENE PREMIERE.

Le Theatre repréſente un grand Sallon orné pour le couronnement d'Arſane, & ſes Noces avec Semiramis.

SEMIRAMIS.

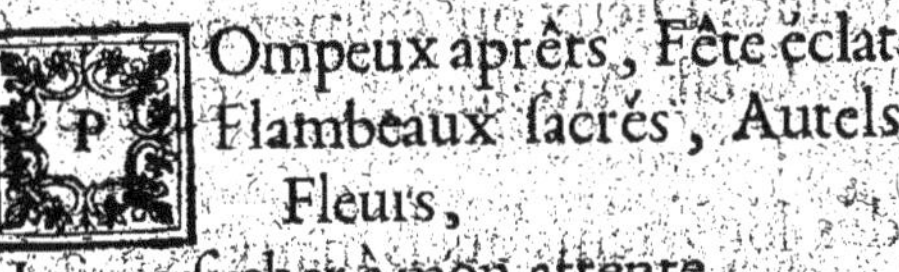

Ompeux aprêts, Fête éclatante,
Flambeaux ſacrés, Autels ornez de
Fleurs,
Hymen ſi cher à mon attente,
Que vous m'allez coûter de pleurs !

A

Rivale des Heros, que devient ma puissance?
Avec un inconnu, j'en partage l'éclat;
Je la mets à ses pieds, Ma gloire s'en offense,
Et mon amour encor craint de faire un ingrat.

Pompeux aprêts, Fête éclatante,
Flambeaux sacrés, Autels ornez de Fleurs,
Hymen si cher à mon attente,
Que vous m'allez couter de pleurs!

Quels reproches Ninus, n'as-tu point à me faire,
A perir en naissant j'ai condamné mon fils.
Pour éteindre la race, & les droits de ton frere,
Aux Autels j'enchaîne Amestris:
Et c'est une main étrangere,
Qui de mes attentats va recueillir le prix.
Triste Semiramis
Faut-il que ton cœur te trahisse?
Plus cruel que les Dieux qui désolent ces bords,
L'amour te guide au precipice.
Arrête. Il n'est plus tems. Quels combats! quels
remords!
Justifiez grands Dieux ou calmez mes transports.
On vient. C'est Amestris. . . . . Quelle est mon
injustice!
Captive dès long-tems quels maux elle a soufferts!
Je ne fais que changer ses fers.

SCENE II.

SEMIRAMIS, AMESTRIS.

AMESTRIS.

Reine, je vais remplir le destin qui m'appelle;
   A mon serment vous me verrez fidelle.
Tandis que vous suivrez les traces des Heros,
   Dans une retraite éternelle,
   Mon cœur va chercher son repos.

SEMIRAMIS.

Au repos de ces lieux votre cœur s'interesse,
Notre felicité ne dépend que de vous,
Fille de Jupiter, vous serez sa Prêtresse,
Ses faveurs par vos mains vont descendre sur nous.
Babylone est l'objet du couroux qui l'anime,
Et ce Dieu tant de fois invoqué par mes pleurs,
Demande dès long-tems une grande victime;
Je la cherchois en vain : votre effort magnanime,
Sans nous coûter de sang, finira nos malheurs.

AMESTRIS.

J'offre à nos Dieux des jours trop peu dignes
   d'envie.

A ij

SEMIRAMIS.

Ces Dieux en ont-ils fait de plus heureux pour moi ?
Aux loix d'un inconnu je vais être asservie,
Arsane en ce moment va devenir mon Roi.

AMESTRIS.

Zoroastre esperoit recevoir votre foi.

SEMIRAMIS.

Amestris, malgré-moi je lui fais cette offence.

AMESTRIS.

Eh! ne craignez-vous point les traits de sa vangeance?
Zoroastre commande a cent peuples divers,
C'est peu que sa valeur ait fait trembler la Terre,
Ce nouveau Conquerant a dompté les Enfers;
Les secrets de l'Olympe à ses yeux sont ouverts :
Sa voix force les Dieux à lancer le Tonnerre.

SEMIRAMIS.

Arsane est adoré du Peuple & des Soldats,
Dans l'âge où l'on commence à s'instruire aux com-
bats,
Il est maître de la Victoire.
J'ai vû tous nos Guerriers, soutenus par son bras
Ranimer leur ardeur à l'éclat de sa gloire.

AMESTRIS.

Puisse-t'il de nos maux éffacer la memoire!

SEMIRAMIS.
Je vais amener votre Roi :
Partagez les honneurs de cette auguste fête,
Le sang, qui nous unit, vous en fait une loi.
Que du Bandeau sacré vos mains ornent sa tête.

SCENE III.

AMESTRIS.

MEs yeux, mes tristes yeux, laissez couler vos
larmes,
Foible secours des malheureux.
Faut-il que d'un amour, dont j'ai bravé les feux,
L'importun souvenir me cause tant d'allarmes ?
Contre des maux si rigoureux
Faut-il que mes soupirs soient mes uniques armes ?

Foible secours des malheureux,
Mes yeux, mes tristes yeux, laissez couler vos larmes.

Reine barbare, non, mes fers, ni ta rigueur,
N'ont point étonné ma constance :
Arsane, c'est pour toi que j'ai craint sa fureur.
Arsane, c'est à toi qu'ingrate en apparence,
Je vais donner l'Empire au défaut de mon cœur.

SCENE IV.

AMESTRIS, ARSANE.

ARSANE.

VOus, Princesse, en ces lieux ! quel sort vous y
ramene ?

AMESTRIS.

J'y viens être témoin du beau jour qui vous luit.

ARSANE.

Que l'éclat de ce jour & me trouble & me gêne !

AMESTRIS.

De vos nobles travaux vous recevez le fruit.

ARSANE.

Ingrate, ignorez-vous quel effort m'y reduit ?

AMESTRIS.

L'Hymen qui d'une main vous prépare sa chaîne,
Vous présente de l'autre un Empire éclatant :
Comblé de tant d'honneurs, n'êtes-vous pas content ?

ARSANE.

Mon cœur ne l'eût été qu'à vaincre votre haine,

A iij

Je n'adorois que vous. Tant de soins, tant de pleurs,
De si tendres soupirs, une ardeur si sincere,
Rien n'a pu fléchir vos rigueurs :
C'est vous qui m'enchaînez à ces tristes honneurs,
Et je vais me punir de n'avoir pu vous plaire.

AMESTRIS.

Adieu Seigneur...

ARSANE.

Mon cœur plus que jamais épris...

AMESTRIS.

Adieu, Seigneur, oubliez Amestris.

ARSANE

Vous me fuyez..... arrêtez inhumaine.

AMESTRIS.

Non, non, d'autres destins m'apellent.

ARSANE.

Quel mépris !

AMESTRIS.

Je n'écoute plus rien, je vais suivre la Reine.

SCENE V.

ARSANE *seul.*

JE vous entends cruelle, & je perds tout espoir.
Dieux ! Si d'un sang obscur j'ai reçû la naissance,
Deviez-vous au trepas arracher mon enfance ?
C'en est trop. Recevons le suprême pouvoir,
   Par ma vertu mon nom commence.

SCENE VI.

SCENE VI.

SEMIRAMIS, ARSANE, AMESTRIS,
CHOEUR.

SEMIRAMIS.

ENfin voici l'inſtant ſi cher à mes ſouhaits.
Venez jeune Heros, venez, que mes ſujets
Vous placent ſur le Trône, où vous auriez dû naître,
Et dans leur défenſeur reconnoiſſent leur Maître.

ARSANE.

Croirai-je qu'en ce jour ces Peuples redoutez
Aux loix d'un inconnu ſans murmure obéiſſent ?
Plus je vous vois pour moi prodiguer vos bontez,
    Plus mes eſprits ſont agitez.
    Peut-être les Dieux me puniſſent
D'uſurper des honneurs que j'ai peu meritez.

SEMIRAMIS.

    Votre valeur ardente à nous défendre,
Revele en vous le ſang, ou des Rois, ou des Dieux.
Et quand je vous éleve à ce rang glorieux
Je crois vous le donner bien moins que vous le rendre.

Chantez Peuples, chantez, réünissez vos voix,
Celebrez ce Heros aplaudissez mon choix.

Vous recevez un Roi des mains de la Victoire,
Qu'il repande sur vous mille nouveaux bienfaits,
Qu'il regne, qu'il vous donne une éternelle paix ;
Que les Dieux immortels ne séparent jamais
    Et votre bonheur & sa gloire.

CHOEUR.

Nous recevons un Roi des mains de la Victoire,
Qu'il répande sur nous mille nouveaux bienfaits,
Qu'il regne, qu'il nous donne une éternelle paix ;
Que les Dieux immortels ne séparent jamais
    Et notre bonheur, & sa gloire.

UNE BABILONIENNE.

Dieu charmant de Cythere
    Repand tes faveurs ;
Et du soin de te plaire
    Rempli tous nos cœurs.

    De tes flâmes
    Nos ames
Sentent les douceurs,
    Plus de peines,
    Tes chaînes
Sont faites de fleurs.

CHOEUR.

Dieu charmant de Cythere
    Repand tes faveurs ;
Et du soin de te plaire
    Rempli tous nos cœurs.

    De tes flâmes
        Nos ames
    Sentent les douceurs.
    Plus de peines,
        Tes chaînes
    Sont faites de fleurs.

UN BABILONIEN.

De la grandeur suptême
Les Dieux sont jaloux ;
Mais l'Amour est le même
    Pour eux & pour nous.

Trop aimable Jeunesse
Craignez moins ses coups.
Si ce Dieu ne vous blesse,
    Quel bien goûtez-vous ?

UN BABILONIEN ET UNE BABILONIENNE.

Doux Empire
Dont les loix sont nos désirs !
Quel martyre
De resister aux plaisirs !

Qu'on soupire.
On ne respire,
Que du jour,
Où l'Amour
Nous inspire.

Doux Empire
Dont les loix sont nos désirs !
Quel martyre
De resister aux plaisirs !

CHOEUR.

Celebrons tous tes charmes,
Ranime nos voix,
Loin de nous tes allarmes.

Chantons mille fois,
Tendre Amour de tes armes
Laiſſe-nous le choix.
Sans ennuis & ſans larmes
Vivons ſous tes loix.

CHOEUR.

Quel triomphe ! que d'heureux inſtans !
Quelle gloire ! quels tranſports charmans !
Pour prix de ta victoire
Rend nos cœurs contens.

SEMIRAMIS.

C'eſt aſſez. Il eſt tems d'achever mon ouvrage ;
Ameſtris approchez, faites votre devoir.

AMESTRIS.

Seigneur, du ſuprême pouvoir
C'eſt donc à moi de vous offrir le gage.

Mon Sang m'avoit donné des droits ſur vos Etats ;
Vivez heureux, regnez, je n'en murmure pas.
Joüiſſez à jamais de la faveur celeſte ;
Et recevez mes vœux, c'eſt tout ce qui me reſte....

ARSANE.

Quel préſent ! quelle main vient ici me l'offrir !...
à part.
Genereuſe Ameſtris.... Non duſſai-je perir...

Biij

L'Autel est brisé par le Tonnere.

SEMIRAMIS ET ARSANE.

Quel tourbillons de feux s'éleve & nous sépare ?
Quelle horreur ! quels mugissemens !
La terre tremble, s'ouvre & montre le Tenare,
Le Ciel confond les Elemens.

CHOEUR.

Quels déluges brûlans tombent de toutes parts ?
Tu fuis Soleil, tu fuis ! quel est le crime
Qui te dérobe à nos regards ?
Ciel, qui voulez-vous pour victime ?

SEMIRAMIS.

Tout l'Olympe en couroux s'arme-t'il contre moi ?
Dieux, me punissez-vous d'avoir trahi ma foi ?

ACTE SECOND.

Le Theatre represente l'avant-cour du Palais de Semiramis.
On voit un Temple dans l'éloignement d'un des côtez.

SCENE PREMIERE.

AMESTRIS, ARSANE.

ARSANE. **N**On, ne craignez point de m'entendre.
AMESTRIS. Non, je ne veux point vous entendre.

Les Dieux sont en couroux songez à les calmer.
ARSANE. C'est vous que je dois désarmer;
    J'ai trop de graces à leur rendre.

ARSANE. Non, ne craignez point de m'entendre.
AMESTRIS. Non, je ne veux point vous entendre.

ARSANE.

Dois-je éprouver encor votre injuste rigueur,
Quand le Ciel avec moi paroît d'intelligence?
     Voulez-vous bannir l'esperance,
     Qu'il vient ramener dans mon cœur?

AMESTRIS.

     Pouvez-vous perdre sans allarmes
     L'attente d'un sort éclatant?
Pour changer votre cœur ne faut-il qu'un instant?
Et la gloire pour vous n'a-t'elle plus de charmes?

ARSANE.

     Non, mon cœur n'a jamais changé:
A ses premiers désirs, il fut toujours fidelle.
Vos yeux n'ont-ils pas vû ma contrainte mortelle,
     Et l'horreur où j'étois plongé?
     Non, mon cœur n'a jamais changé.

Mais vous n'avez rien vû, cruelle que vous êtes?
Amestris insensible à mes peines secretes
     Craignoit d'en suspendre le cours:

Amestris,

Amestris, insensible à mes peines secretes,
Détournoit des regards que je cherchois toujours…
Eh ! vous me les cachez encore ?

AMESTRIS.

Un auguste serment doit engager ma foi.

ARSANE.

Quel est donc ce serment ?

AMESTRIS.

Je ne suis plus à moi.

ARSANE.

Expliquez-vous. Calmez l'horreur qui me dévore.

AMESTRIS.

Pour la derniere fois recevez mes adieux ;
Ne suivez plus mes pas, c'est un soin inutile.

ARSANE.

Où fuyez-vous ?

AMESTRIS.

Au Temple, & c'est là mon azile.
Par des nœuds éternels, je vais m'unir aux Dieux.

ARSANE.

Et moi je vous dispute à ces Rivaux terribles ;
Et vous me trouverez entre l'Autel & vous.

C

AMESTRIS.

Ah ! Seigneur, étouffés un impuissant couroux,
Aux profanes Mortels ces lieux inaccessibles,
Ont en dépôt la Foudre… entendés ces éclats :
Je la suspens encore par mon obéissance :
Craignés ces Dieux, tremblés & ne me forcés pas
D'implorer contre vous leur terrible vangeance.

ARSANE.

Ah ! dûssai-je y trouver le plus cruel trépas
Je ne souffrirai point……

SCENE II.

ARSANE, SEMIRAMIS.

SEMIRAMIS.

OU courés-vous Arsane?
Quel trouble agite vos esprits?

ARSANE.

Reine, qu'ai-je entendu! que devient Amestris?
Elle fuit de ces lieux. Eh! qui donc l'y condamne?

SEMIRAMIS.

Les Dieux, ses volontés, la Paix de mes Etats.

ARSANE.

Eh quoi! vous n'y resistés pas!

SEMIRAMIS.

J'ai fait perir mon Fils pour conserver l'Empire.
Les Dieux me menaçoient de perir par son bras.
Amestris est d'un sang qu'il est tems de proscrire.

ARSANE.

De quoi l'accusés-vous? quels sont ses attentats?

SEMIRAMIS.

Et vous quel interêt?....

ARSANE.
                        Celui de votre gloire,
Le repos de vos jours.

SEMIRAMIS.
                        Du moins j'aime à le croire.

Le tems dévoilera ce myſtére à mes yeux.
Mais loin de s'appaiſer que demandent les Dieux ?
    Quel obſtacle nouveau font-ils ici renaître ?
            Zoroaſtre eſt prêt d'y paroître.

Son Char auſſi brillant, que le flambeau du jour,
Plus prompt que les éclairs, vole, & fend les nuages.
        Mon Peuple admire, & tremble tour à tour,
Et l'encens à la main l'attend ſur ces rivages ;
Ainſi votre Rival m'apporte ſes hommages,
Dans l'inſtant où pour vous je trahis ſon Amour.

            Il vient, faiſons-nous violence.

ARSANE.
Croyés-vous l'abuſer, ou braver ſa vangeance ?

SEMIRAMIS.
Arſane, s'il n'a pas conſulté les Enfers,
    Il ignore encor mon offenſe.

ARSANE.
Tout va l'en éclaircir.

SEMIRAMIS.

Préparés ma défense,
Rassemblés mes Soldats, les momens nous sont chers.

ARSANE.

Je suivrai des devoirs dont rien ne me dispense.
Si par le Ciel mes vœux sont secondés,
Je ferai plus pour vous que vous ne demandez.

S.CENE III.

ZOROASTRE, SEMIRAMIS.

ZOROASTRE.

BElle Semiramis, l'Amour & l'Esperance
Par des chemins nouveaux m'amenent dans ces
lieux.
Le charme de votre présence
A' déja réparé l'extrême violence
Des maux que j'ai soufferts, éloigné de vos yeux.

Le Dieu qui lance le Tonnerre
M'a remis un pouvoir peu different du sien ;
Il m'a rendu des Rois l'Arbitre & le Soûtien.

J'eteins & j'allume la Guerre,
Je fais le Destin de la Terre,
Et c'est dans vos beaux yeux que je cherche le mien.

SEMIRAMIS.

Vos plus fiers Ennemis vous cedent la Victoire.
Votre Art, votre Valeur peuvent tout surmonter :
Un cœur tel que le mien pouroit-il se flater,
De manquer seul à votre gloire ?

ZOROASTRE.

Peuples des Elemens paroisses à mes yeux.

Esprits qui par l'amour dispersés en tous lieux
Sur la Terre & sur l'Onde étendés son Empire,
Vous qui volés avec lui dans les Cieux,
Joignés tous vos transports à l'ardeur qui m'inspire.

De ce jour célebre pour nous,
Rendés à l'avenir la memoire durable.
L'ouvrage des Mortels comme eux est perissable,
Dressés un monument immortel comme vous.

Qu'une nouvelle Flore exhale
Des parfums du Ciel descendus,
Et que ces Jardins suspendus
De la Terre & des Cieux remplissent l'intervale.

Les Jardins de Semiramis paroissent suspendus en l'air.

UN GENIE.

L'Art plus prompt que la Nature,
Dans ces beaux lieux rassemble en même tems,
Et des Fleurs & des Fruits la riante parure;
On voit l'Automne à côté du Printems.

Aimable maître de nos ames,
Amour, ferois-tu moins en faveur de nos flâmes ?
Fai naître, & comble nos desirs,
Rassemble en même tems l'espoir & les plaisirs.

ZOROASTRE.

Formez les plus tendres concerts.
Chantez une Reine charmante.
Que de son nom retentissent les airs
Qu'il vole en cent climats divers.
A cette Fête éclatante
Appellez tout l'Univers.

CHOEUR.

Formons les plus tendres concerts.
Chantons une Reine charmante.
Que de son nom retentissent les airs
Qu'il vole en cent climats divers.
A cette fête éclatante
Appellons tout l'Univers.

On danse.

UN GENIE *alternativement avec le Chœur.*

Paroissez jeunes Zephirs,
Excitez, animez Flore.

Que l'ardeur de vos soupirs
Hâte ses présens d'éclore.

Qu'on les doive à vos plaisirs,
Plutôt qu'aux pleurs de l'Aurore.

Que Venus sur ce rivage
Fixe sa brillante Cour,

Qu'on entende nuit & jour
Des Oyseaux le doux ramage,
Des Amans le tendre hommage,
Et l'éloge de l'Amour.

On danse.

UN GENIE.

Au Dieu d'Amour il faut se rendre
Lui seul apprend l'art d'être heureux.
Peut-on se plaindre de ses feux ?
Que sert d'attendre ?
Craint-on de prendre
De si beaux nœuds ?

CHOEUR.

CHOEUR.

Au Dieu d'amour il faut se rendre ;
Lui seul apprend l'art d'être heureux.
Pourquoi se plaindre de ses feux ?
Que sert d'attendre ?
Craint-on de prendre
De si beaux nœuds ?

CHOEUR.

Au Dieu amour, &c.

UN GENIE.

Ne perdés pas des jours aimables,
Mais moins durables,
Que les Zephirs.

Les soins jaloux & les soupirs
Sont-ils sans charmes ?
Non, jusqu'aux larmes,
Tout est plaisirs.

CHOEUR.

Au Dieu d'amour rendez les armes,
Il va répondre à vos désirs.

ZOROASTRE.

De vos nouveaux Sujets voyés quelle est l'ardeur.
Répondés à mes fœux, répondés à leur zele.
Je veux devoir l'instant de mon bonheur
Bien moins à vos sermens, qu'à mon amour fidele.

SEMIRAMIS.

Seigneur, il n'est pas tems d'accomplir vos projets,
Amestris est encor trop chere à mes sujets;
Il faut contr'elle assurer ma puissance.
Je ne puis vous offrir que ma reconnoissance.

SCENE IV.

ZOROASTRE.

Qu'ai-je entendu ? quel soupçon ! quel effroi
Dans mon cœur agité s'éleve malgré moi !
Je veux m'en éclaircir.... Amour soyez mon guide.
Mais si je n'ai brulé que pour une perfide,
Fureur, pour me vanger je n'écoute que toi.

Fin du Second Acte.

ACTE TROISIÉME.

*Le Theatre repréſente un Veſtibule orné des Statuës
des Rois de Babylone.*

SCENE PREMIERE.

ZOROASTRE.

U'ai-je appris ! quels forfaits! quelle injure
     mortelle !
C'eſt pour un inconnu qu'on me manque de foi.
O Majeſté des Rois ! O puiſſance éternelle
Des Dieux, qu'atteſtoit l'Infidelle,
On vous outrage comme moi.

D ij

Haine, tranſports jaloux, implacable colere,
      Barbares enfans de l'Amour,
Eteignés ſon flambeau, que le vôtre m'éclaire,
Armez-vous contre lui, regnez à votre tour.

Mais quel triſte ſecours me promet ma vangeance !
      C'eſt par mon cœur qu'elle commence.
De vains gemiſſemens, d'inutiles regrets,
Des cris perdus, des pleurs dont fremit ma conſtance,
Sont du plus tendre Amour l'unique récompenſe.

Non, non, de ma fureur déployons tous les traits,
Accablons mon Rival, la Reine, ſes Sujets.

Haine, tranſports jaloux, implacable colere,
      Barbares enfans de l'Amour,
Eteignés ſon flambeau, que le vôtre m'éclaire,
Armez-vous contre lui, regnés à votre tour.

SCENE II.

SEMIRAMIS, ZOROASTRE.

ZOROASTRE.

AH! perfide, ofez-vous foûtenir ma pré-
fence?

SEMIRAMIS.

Ces noms injurieux, me font-ils adreffez?

ZOROASTRE.

Avez-vous cru forcer mon dépit au filence?

SEMIRAMIS.

Oubliez-vous mon rang, & qui vous offenfés?

ZOROASTRE.

Oubliez-vous le mien, & qui vous trahiffés?

SEMIRAMIS.

Semiramis ne connoît point de Maître,
Le Ciel eft feul juge des Rois.

ZOROASTRE.

Le Ciel vange fur eux le mepris de fes loix,
Et vous l'éproüverés peut-être.

Quoi! les fermens les plus facrés
N'ont pû fixer votre inconftance!

Eh! quel est le Rival que vous me preferés?
Un Etranger sans nom, sans Etats, sans naissance?
SEMIRAMIS.
J'ignore ses Ayeux, je connois ses vertus.
ZOROASTRE.
Ingrate, il est donc vrai que vous ne m'aimez plus.
Tant de soins, tant d'amour, tant de perseverance,
Mon espoir, mon bonheur sont pour jamais perdus.

Que ne puis-je étouffer l'ardeur qui me dévore!
Que ne puis-je à mon tour oublier vos attraits,
Ces perfides attraits, que malgré moi j'adore.
Faut-il, quand votre cœur m'abandonne à jamais,
Que vos regards me retiennent encore?
SEMIRAMIS.
Eh bien, dans mes regards, lisez donc mes douleurs.
Pour vous vanger, joüissez de mes pleurs.

Je veux, je crains, j'espere, & mon espoir me gêne;
Je combats, je resiste, & cede tour à tour:
Un penchant inconnu m'entraîne,
Plus puissant mille fois, & moins doux que l'amour.

Ah! si vous connoissiez l'excés de mes allarmes.
Vous-même à mes malheurs vous donneriez des
  larmes.
ZOROASTRE.
N'aviés-vous à m'offrir que ce cruel secours?

SEMIRAMIS.

Epargnons-nous d'inutiles difcours.
Seigneur, refpectons notre gloire.
D'un malheureux amour étouffés la memoire.
Laiffés mon trifte cœur en proye à fes remords.
C'eft malgré moi que je couronne Arfane...

ZOROASTRE.

Arfane, ah ! que ce nom redouble mes tranfports !
C'en eft fait, à perir votre amour le condamne.

SEMIRAMIS.

D'un aveugle couroux nous bravons les efforts.
Mais vous-même tremblés d'en être la victime,
Le Ciel fera pour lui.

ZOROASTRE.
              Sera-t'il pour le crime ?

Il perira.

SEMIRAMIS.

Craignez les Dieux & fa valeur.

ZOROASTRE.

Craignez Zoroaftre en fureur.

ENSEMBLE.

Tonnés, Dieux immortels, tonnés, lancés la Foudre,
Perdés vos Ennemis, qu'ils tombent sous vos coups,
Frappés, éclatés, hâtés-vous?
Hâtés-vous de reduire en poudre
Les {Superbes}{Parjures} Mortels qui s'arment contre vous.

SCENE III.

ZOROASTRE.

POur tant de maux soufferts, quels maux dois-
je lui rendre?
Et comment me vanger? mon Art va me l'appren-
dre.
Terrible rempart des Enfers
Styx affreux, dont les flots environnent les ombres,
Elevés jusqu'à moi vos vapeurs les plus sombres.
Que le Soleil vaincu se cache dans les Mers.
Que ce jour manque à l'Univers.

Lieux témoins de mon infortune
Lieux que je fais en vain retentir de mes cris,
Difparoiffez, tombez, votre afpect m'importune.

Qu'un magique Palais naiffe de vos débris.

*Le Theatre change & represente un Palais magique,
orné de Statuës qui portent des flambeaux.*

Qu'à ma fureur tout prête ici des armes.

Triftes objets qui portés ces flambeaux
Arrachés du fein des tombeaux,
Animés-vous. Démons, vangés mes larmes,
C'eft moi qui le premier vous ai donné la Loi.
Vous Mortels inftruits à mes charmes
Venés de toutes parts, fecondez votre Roi.

SCENE IV.

ZOROASTRE, Troupes de Démons, de Magiciens
& Magiciennes.

CHOEUR.

L'Univers
Porte nos fers,
Le Dieu des mers
Pour nous fait la guerre.
Par nous le Tonnerre
Trouble les airs.

A nos voix
Tremblent les Rois.
Toute la Terre
Cede à nos loix.

Tout mortel nous doit ses vœux.
Entrons en partage
D'encens & d'hommage
Avec les Dieux.

Sur ces bords
Tous nos efforts
Vont vanger ta gloire :
Prevoi ta victoire
Dans nos transports.

ZOROASTRE.

Du Dieu du Styx Ministres inflexibles,
Commencez avec moi nos Mysteres terribles.

On fait des Ceremonies magiques.
ZOROASTRE.

Semiramis a trahi mon ardeur,
Partagez cet outrage, & servez ma fureur.

ZOROASTRE *& le Chœur alternativement.*

Versons l'épouvante
Dans les cœurs ;
Que l'attente
Des malheurs
En augmente
Les horreurs.

Soufflons la Guerre.
Couvrons la Terre
De sang & de morts.

36 **SEMIRAMIS,**

Faisons des efforts
Egaux au Tonnerre.
Soufflons la Guerre
Peuplons les sombres bords.
CHOEUR.
Commande à l'Empire
Tenebreux.
Tout conspire
Pour tes vœux.
Qu'on respire
Mille feux.
ZOROASTRE.
Arrêtés. Les Enfers sont prêts à m'inspirer,
Qu'en ce jour sur vos soins je puisse m'assurer.

Quel noir transport succede à ma douleur profonde!
Le Styx qui fait les loix & les crimes des Dieux,
Le Styx se découvre à mes yeux.
Quels funestes secrets me revele son onde!

Malheureuse Semiramis,
Tremble! de tes fureurs que le Destin condamne
Ton Fils est échapé, je le vois, c'est Arsane...
Mais! quel spectacle affreux trouble encor mes
esprits!
Le glaive est suspendu. Quelle illustre victime,

Va se précipiter au tenebreux abîme ?
Quel sang prêt à couler ? de quels lugubres cris
            Les Autels retentissént !
Le Peuple est consterné, les Dieux même en fremis-
    sent;
            Et je sens que je m'attendris.

Eh ! qui donc va perir ? est-ce vous Amestris ?

        Tout fuit.... Quelle confuse image !
        Je ne vois plus qu'à travers un nuage...
        Je suis vangé. Je vois des malheureux...
De pleurs, de cris, de sang   marquons ce jour
    affreux.

ACTE QUATRIEME.

*Le Theatre represente le Temple de Jupiter Belus orné
pour la Consecration d'Amestris.*

SCENE PREMIERE.

ARSANE

U suis-je ? quelle horreur agite mes esprits !
C'est ici que le Dieu du Ciel & de la Terre
Présente sa splendeur à nos regards surpris.

Y viens-je braver son Tonnerre,
Et du sein des Autels arracher Amestris !

Qu'importe que la foudre à mes yeux étincelle....
    Dieux barbares, Dieux jaloux,
    Frappez : je vais au devant de vos coups,
    Trop heureux de perir pour elle.
    Dieux barbares , Dieux jaloux,
Non , tant que je respire , elle n'est point à vous.

SCENE II.

SEMIRAMIS, ARSANE.

SEMIRAMIS.

ARsane, quel spectacle ici vient me surprendre ?
Près de ces murs sacrez on arrête mes pas.
Eh ! qui donc contre moi revolte mes Soldats ?
Seroit-ce Zoroastre ? à qui dois-je m'en prendre ?

ARSANE.

Contre tous ses efforts je sçaurois vous défendre :
Mais un peril plus grand doit causer votre effroi :
Le Peuple aime Amestris, il peut tout entreprendre,
Il s'arme contre vous.

SEMIRAMIS.

Non, perfide, c'est toi :
C'est toi qui me trahis, mes maux sont ton ouvrage.
Mais tu n'a pas long-tems joüi de mon erreur
J'ai lû, je lis encor dans le fonds de ton cœur.

Cœur indigne du Trône, & fait pour l'esclavage,
J'y vois la trahison, le mépris des bienfaits,
J'y vois contre mes jours tes barbares projets,
Et tes lâches soûpirs pour celle qui m'outrage.

ARSANE.

Arsane ne sçait point dissimuler ses feux.

L'insensible Amestris occupoit tous mes vœux,
Avant que votre main vint m'offrir tant de gloire;
Je l'adore malgré ses mépris rigoureux,
C'est de l'Amour sur moi la premiere Victoire.

SEMIRAMIS.

Redouble cet amour, il me vange encor mieux.
Tu la perds : de leur choix, demande compte aux
    Dieux.

ARSANE.

Osez-vous attester des noms si redoutables ?
Ont-ils parlé ces Dieux, sçait-on leurs volontés ?
Non, la soif de regner, des fureurs implacables,
    Sont les Dieux que vous consultez.

                                    Ah !

Ah ! ne demandez plus d'où naissent les présages ;
Quel crime attire ici la foudre & les orages?
Vous attentez aux droits dont le Ciel est jaloux
Et sa justice éclate à se vanger de vous.

SEMIRAMIS.

Je fais pour le fléchir un effort inutile.
Mais, barbare, est-ce à toi de me le reprocher?
J'esperois avec toi goûter un sort tranquile ;
Auprès de tes vertus je cherchois un azile.
Non, ta haine pour moi ne sçauroit se cacher ;
Augmente tes mépris, triomphe de mes larmes,
        a part.
    Contre toi prête-moi des armes.
Quel ascendant fatal m'a soumise à sa Loi !
Ingrat, que m'as-tu fait pour m'attendrir pour toi?

ARSANE.

Achevez, & brisez les fers de la Princesse.
Sauvez de tant de Rois le reste précieux.
Je ne demande point de l'unir à mes vœux ;
Je nourris dans mon cœur une vaine tendresse.

SEMIRAMIS.

Eh ! pourquoi donc l'aimer avec tant de transport?
Tu partages enfin les rigueurs de mon sort.
Tu connois le tourment d'aimer qui nous abhore ;
    Que n'y puis-je ajoûter encore
De la rendre sensible, & perfide pour toi.
Va, deviens, s'il se peut plus malheureux que moi.

E

ARSANE.
On vient. Voici l'inſtant du fatal ſacrifice.

SCENE III.

ARSANE, AMESTRIS, SEMIRAMIS.
ARSANE.

AH ! Princeſſe, faut-il que rien ne vous fléchiſſe !
AMESTRIS.
Arſane, reſpectez Ameſtris & les Dieux.
Quels ſont vos droits ſur moi, pourquoi troubler mes
vœux ?
De mes jours à nos Dieux, je fais un libre hommage.
J'ai calmé les tranſports d'un Peuple audacieux.
Laiſſez à ma vertu conſommer ſon ouvrage.
ARSANE.
Non, laiſſez-moi ſortir de ces funeſtes lieux.
Je vais de mes Soldats ranimer le courage.
SEMIRAMIS, AMESTRIS.
Soûtenez Dieux immortels,
La Majeſté de vos Autels.

SCENE IV.

SEMIRAMIS, AMESTRIS, *les Preſtres*
& Preſtreſſes de Jupiter, les Peuples.

CHOEUR *des Preſtreſſes.*

Fille de l'Innocence
Mere de la Paix,
Douce indifference,
Nos cœurs ſatisfaits
Goûtent vos attraits;
Des jours ſans nüage
Se levent ſur nous.
Les biens les plus doux
Sont notre partage.

Ce n'eſt pas à vous
Qu'on doit ſon hommage,
Fortune volage,
Nous bravons vos coûps.

AMESTRIS.

J'immole aux Dieux le Printems de mes jours;
A l'ombre des Autels avec vous je vais vivre:
Heureuſe, ſi votre ſecours
De mes troubles ſecrets pour jamais me délivre!

CHOEUR *des Prêtres.*

Digne sang des Rois,
Le Ciel vous appelle,
Soûtenez son choix;
Le Ciel vous appelle;
Au Peuple fidelle
Dispensez ses Loix.

PETIT CHOEUR.

Sensible à vos vœux
Le Dieu du Tonnerre
Eteindra ses feux;
Et par vous la Terre
Va s'unir aux Cieux.

GRAND CHOEUR.

Digne sang des Rois,
Le Ciel vous appelle,
Soûtenez son choix;
Le Ciel vous appelle;
Au Peuple fidelle
Dispensez ses Loix.

AMESTRIS *presente l'Encens & les Fleurs à la Statuë de Jupiter.*

Recevez cet Encens, ces Couronnes de fleurs,
Hommages innocens que vous rend la nature.
Je viens y joindre encore une offrande plus pure,
Des vœux toujours nouveaux, seul tribut de nos
  cœurs.

SEMIRAMIS.

Triomphez, Dieu puissant, qui regnez sur les Dieux,
Qu'on vous rende par tout un éternel hommage,
Versez sur ces climats mille dons précieux,
Loin de ces tristes lieux laissez gronder l'orage.

CHOEUR.

Triomphez, Dieu puissant, &c.

On danse.

UNE PRESTRESSE à AMESTRIS.

L'Amour verse des larmes,
Vous causez ses pleurs ;
Il devoit par vos charmes
Vaincre tous les cœurs.

Le Chœur repete ces quatre Vers.

UNE PRESTRESSE.

Sa plus chere esperance
S'éteint pour jamais.
Eh ! quels yeux désormais
Etendront sa puissance,
Quels seront ses attraits ?

CHOEUR.

L'Amour verse, &c.

F iij

La Prêtresse.

Le foible honneur de plaire
Coûte des tourmens.
La Victoire est trop chere;
Fuyons les Amans.

Des momens plus tranquiles
Vont couler pour vous.
Goûtez dans nos aziles
Les biens les plus doux.

CHOEUR.

L'Amour verse des larmes,
Vous causez ses pleurs;
Il devoit par vos charmes
Vaincre tous les cœurs.

La Prêtresse.

Beaux lieux, soyez toujours exempts d'allarmes.
Amour, n'en trouble point la Paix.
Trop de pleurs suivent tes traits.
Que tes armes,
Que tes charmes,
S'en éloignent pour jamais.

Non, non, à des plaisirs purs & faciles
Ne mêle point des soins fâcheux.

Ces aziles
Si tranquiles,
Ne redoutent point tes feux.

Vole, descens Amour, viens dans ces lieux,
Nos cœurs y bravent ta victoire :
Vole, descens Amour, viens dans ces lieux,
Voi ta défaite, & notre gloire.

SEMIRAMIS.

Amestris, achevez ce noble sacrifice.
Qu'il nous rende le Ciel propice.
Auguste Interprete des Dieux ;
Vous tiendrez dans vos mains le bonheur de ces lieux.

AMESTRIS *à l'Autel.*

Je quitte pour jamais l'éclat qui m'environne,
Maître des Immortels, remplissez tout mon cœur,
La pompe, les plaisirs, la suprême grandeur
N'ont plus de droits sur moi, je vous les abandonne.
Rendez heureux les jours que je vous donne.

CHOEUR.

Quel bruit affreux nous fait trembler !
Sous nos pas chancelans se dérobe la Terre,
Le Dieu menace, il s'arme, il lance le Tonnerre :
Ecoutez, fremissez, il est prêt à parler.

ORACLE.

Pour apaiſer mon couroux legitime,
Ameſtris, c'eſt trop peu des vœux que tu me fais,
Au tombeau de Ninus va t'offrir en victime
Pour m'aſſurer le ſang qu'exigent mes decrets.

AMESTRIS.

J'obéirai, grands Dieux, je vais vous ſatisfaire:
Je reçois une mort qui finit mes tourmens.

Reine à votre repos, je ne ſuis plus contraire;
Laiſſez-moi m'occuper de mes derniers momens.

CHŒUR.

Non, non, non, Dieux cruels, gardez votre colere,
Tonnez plutôt ſur nous, armez les Elemens.

SCENE VI

SCENE V.

ARSANE, SEMIRAMIS, AMESTRIS, CHŒUR.

ARSANE.

Quoi ! tout me fuit, tout m'abandonne !
Quel prestige a glacé le cœur de mes Soldats ?
Je les excite en vain à marcher sur mes pas.
Mais quel trouble nouveau, quelle horreur m'environ-
    ne ?

CHŒUR.

Amestris va périr : c'est le Ciel qui l'ordonne.

AMESTRIS.

Dérobez-moi les pleurs que vous m'offrez ;
Peuples, éloignez-vous, Arsane, demeurez.

G

SCENE VI.

ARSANE, AMESTRIS.

AMESTRIS.

JE vais subir la loi que le sort me dispense :
De tant d'honneurs promis à ma naissance,
Un seul tombeau me reste. Et ce jour que je voi,
Cette Terre, ces Cieux, tout va fuir devant moi.

ARSANE.

Eh ! vous y consentez. Grands Dieux, le puis-je croire ?
Non, non, fuyez ces lieux, venez sauver vos jours.

AMESTRIS.

Dois-je les conserver aux dépens de ma gloire ?

ARSANE.

Quoi ! vous me haïssez, jusqu'à fuir mon secours !

AMESTRIS.

Seigneur, je ne puis que vous plaindre.

ARSANE.

Dans quel triste moment plaignez-vous mon malheur ?

AMESTRIS.

Lorsque je n'ai plus à vous craindre.

Aux portes du trépas je vous ouvre mon cœur.

J'ai connû vos vertus, & ma feinte rigueur
     Ne m'a que trop caufé d'allarmes.
Que ne pouvois-je, helas ! faire votre bonheur !
     Le Ciel a vû feul ma douleur,
Il fçait combien pour vous j'ai dévoré de larmes.

ARSANE.

     Et je vais vous perdre à jamais ,
Eft-ce à vous d'expier de coupables for faits?

     Que le Ciel s'embrafe & qu'il tonne.
Que la guerre s'allume entre les Elemens.
     De la fuperbe Babylone
     Qu'ils renverfent les fondemens :
Qu'importe quel trépas leur fureur nous apprête ,
Vivez, & que fur nous retombe la tempête.

AMESTRIS.

Un Mortel ofe-t'il braver les Dieux vangeurs ?
A leurs fuprêmes loix il faut que tout fe rende.

ARSANE.

Ah ! qu'ils cherchent ailleurs leur facrilege offrande.

ENSEMBLE.

AMESTRIS. } Ciel { Equitable oubliez fes fureurs
ARSANE.   }   { Implacable épuifez vos rigueurs
Tombent fur moi vos coups, puniffez mes fureurs.

AMESTRIS.

Non , laiſſez-moi mourir innocente victime ;
Mais n'oubliez jamais le beau feu qui m'anime.

Adieu. Puiſſe le Ciel vous voir d'un œil plus doux,
Rendez ce Peuple heureux, qu'il me retrouve en vous :
Qu'il rende à vos vertus un tribut legitime ;
Que de votre bonheur rien ne borne le cours :
Qu'ils vous donnent ces Dieux, ce qu'ils m'ôtent de
    jours.

ARSANE.

Moi ! je ſerois complice de leur crime !
Reine barbare , infideles Soldats :
Je vous attens , oſez l'arracher de mes bras.

SCENE VII.

ARSANE, ZOROASTRE.

ZOROASTRE.

ARsane où courez-vous ?

ARSANE.

La sauver du trépas
Je vais secourir l'innocence.

ZOROASTRE.

Va, malheureux Amant, & plus malheureux Fils...
Enfer, tien-moi ce que tu m'as promis.
Fureurs, suivez ses pas, préparez ma vangeance.
Est-ce à moi d'épargner l'ingrate qui m'offence ?

On voit des Furies qui suivent Arsane, le flambeau à la main.

Fin du quatriéme Acte.

ACTE CINQUIÈME.

Le Theatre représente le Tombeau de Ninus, dernier Roi de Babylone.

SCENE PREMIERE.

ZOROASTRE, SEMIRAMIS.

ZOROASTRE.

Uoi la mort d'Amestris s'apprête dans ces
    lieux,
Et ce Tombeau sacré va recevoir sa cendre?

SEMIRAMIS.

Tranquille sur son sort, elle ordonne les Jeux,
Les funebres honneurs, qu'à Ninus on va rendre;
C'est son dernier hommage à ce Roi glorieux.

ZOROASTRE.
Soûtiendrez-vous ce spectacle odieux ?

SEMIRAMIS.
Contre l'Arrêt du Ciel, qui pourroit la défendre ?

ZOROASTRE.
Vous. Si vos yeux s'ouvroient aux malheurs que je
crains.
Je devrois vous haïr, malgré-moi je vous plains.

Voici le moment redoutable.
Le destin d'Amestris attendrit tous les cœurs.
Sa mort trouvera des vangeurs,
Croyez-en mon effroi, le trouble qui m'accable,
Triste & dernier effort d'un amour déplorable.

SEMIRAMIS.
Redoutez moins un Peuple esclave de mes vœux :
Babylone craindra mon courage & nos Dieux.

ZOROASTRE.
Est-ce donc sur vos Dieux que votre espoir se fonde ?
Une nuit profonde
Vous cache leurs coups.
Des Maîtres du Monde
Le Ciel est jaloux :
Où fuir son couroux ?

SEMIRAMIS,
'Sa haine feconde
Nous fait fuccomber.
La foudre qui gronde
Eſt prête à tomber.

SEMIRAMIS.

Tout accroît ma rage,
J'imite les Dieux.
Periſſe à mes yeux
L'objet qui m'outrage ;
Que mes ennemis
Soient reduits en poudre :
Un coup de la foudre
M'eſt cher à ce prix.

Que dis-je ? d'Ameſtris le ſort me fait envie.
Arſane la plaindra : Dieux quels troubles ſecrets !
Ingrat, donne-moi tes regrets :
J'acheterois tes pleurs aux dépens de ma vie.

ZOROASTRE.

Il eſt tems d'étouffer de coupables amours,
Connoiſſez-vous Arſane ?

SEMIRAMIS.
Où tendent ces diſcours ?

ZOROASTRE.

ZOROASTRE.

Je vais le découvrir ce funeste myftere.
Vos feux ont fait pâlir l'aftre qui nous éclaire,
La terre en a tremblé, moi-même j'en fremis.

SEMIRAMIS.

Quel coup vient me frapper !

ZOROASTRE.

Arfane eft votre Fils.

SEMIRAMIS.

Mon Fils... Et j'ai brulé d'une flâme fi noire !
Qui vous l'a revelé?...

ZOROASTRE.

Les Enfers.

SEMIRAMIS.

Lui mon Fils !....
Non, barbare, je vois ce que tu t'es promis :
Tu le fouhaites trop pour me le faire croire.

ZOROASTRE.

Vous connoîtrez l'erreur dont vos fens font furpris.

ENSEMBLE.

Brifez, brifez les nœuds d'une fatale chaîne ;

H

Je { Tremblez { Votre esperance est vaine
     { Non, non {
     { Prevois des malheurs { qui me vangent de vous
     { Crains peu des malheurs { qui m'arrachent à vous

Le Ciel gronde { craignez { ses coups.
                { j'attens {

ZOROASTRE.

On vient, je ne puis voir cette Fête inhumaine.

SCENE II.

Peuples de Babylone qui viennent rendre hommage au
Tombeau de Ninus.

L'ORDONATEUR & LE CHOEUR.

AU plus grand de nos Rois adressons notre hom-
        mage :
Remplissons de son nom & la Terre & les Mers.
Dieux immortels, vous dont il fut l'image,
Ecoutez nos concerts.

L'ORDONATEUR DE LA FESTE.

Fille de la Valeur, immortelle Victoire,
Vole devant nos pas, reconnoi nos Drapeaux.

D'un Roi fameux nous chantons les travaux.
Par son Auguste nom fai briller notre gloire;
Etend nos loix & sa memoire :
Nos succès sont pour lui des triomphes nouveaux.

Fille de la Valeur, immortelle Victoire,
Vole devant nos pas, reconnoi nos Drapeaux.

SCENE III.

SEMIRAMIS, CHOEURS.

SEMIRAMIS.

CEssez. Ninus reçoit vos vœux & votre zele.
Les celestes decrets seront bien-tôt remplis.
La Victime paroît. D'où vient que je fremis!
Pour la premiere fois, je m'attendris pour elle...

H ij

SCENE IV.

SEMIRAMIS, AMESTRIS, CHOEURS.

AMESTRIS.

PEuples, qui de Ninus honorez la memoire,
    Je viens confommer fes bienfaits,
Tous fes jours ont coulé pour vous combler de gloire,
Le dernier de mes jours va vous donner la paix.

Elle prend le Fer des Sacrifices pour fe frapper.

O Ciel défend mon cœur d'un fouvenir trop tendre!
Mânes de mes ayeux faites place à ma cendre.

SCENE V.

ARSANE, AMESTRIS, SEMIRAMIS, CHOEURS.

ARSANE *lui arrachant le Fer.*

AH! Princeffe arrêtez ....

AMESTRIS.

Seigneur que faites-vous?
Vous irritez les Dieux.

ARSANE.

Je brave leur couroux.
Quoi! la vertu perit. Quelle aveugle vangeance!
Est-ce donc à ce straits qu'ils marquent leur puissance.

Perfides, n'osez-vous défendre l'innocence?

SEMIRAMIS.

Ministres des Autels vangez les droits des Dieux.

ARSANE.

Fuyez, tremblez Esclaves odieux
D'une Reine cruelle.

Où suis-je? quels transports?... C'est l'Enfer qui m'ap-
pelle.
Je vous répons ..., quelle épaisse vapeur...
Je vois devant mes pas le flambeau des Furies :
Je vous suis. ... Epuisez toutes vos barbaries.
Versons des flots de sang ..... Répandons la terreur :
Je sens tout l'Enfer dans mon cœur.

CHOEUR.

Secourez-nous, ô Dieux! frappez qui vous offense.

Semiramis sort à la tête des Prêtres & des Soldats,
Arsane les poursuit.

H iij

SCENE VI.

AMESTRIS *seule.*

Ciel prenez sa défense.
Dieux implacables, Dieux jaloux,
Puis-je vous implorer? il combat contre vous.

SCENE VII.

ARSANE AMESTRIS.

ARSANÉ.

VOus vivrez, ma Princesse, & le Ciel par mes
　　　coups
　　　A voulu sauver tant de charmes:
Un Dieu me conduisoit, un Dieu guidoit mes armes.

Je ne vois point la Reine, allons à ses genoux
Expier mon audace & calmer ses allarmes.

SCENE DERNIERE.

SEMIRAMIS, ARSANE, ZOROASTRE, AMESTRIS,
CHŒUR.

ARSANE.

Grands Dieux! Elle paroît, que mon cœur est
glacé!
Je vois couler son sang.

ZOROASTRE.

> C'est toi qui l'as versé.

ARSANE.

La Reine par mon bras a perdu la lumiere!

ZOROASTRE.

Ton sort est plus affreux, Arsane, c'est ta Mere.

SEMIRAMIS.

Vous mon Fils! quoi je meurs par la main de mon Fils!

Dieux inhumains vous me l'aviez promis.

Ce jour termine enfin mes malheurs & mes crimes.

ARSANE.

Terre pour m'engloutir ouvre-moi tes abîmes.

SEMIRAMIS.
Ameſtris calmez ſes fureurs.

Je vous laiſſe en mourant la ſuprême puiſſance
Le Soleil déſormais luira ſur l'innocence.

De l'éternelle nuit j'entrevois les horreurs.
Ninus approchez-vous ... je m'affoiblis ... je meurs.

F I N.

A PARIS. De l'Imprimerie de J. B. LAMESLE, ruë de la Huchette,
à la Minerve. 1718.

CATALOGUE

DES LIVRES NOUVEAUX qui se vendent à Paris chez PIERRE RIBOU, seul Libraire de l'Académie Royale de Musique, Quay des Augustins, vis à vis la descente du Pont-Neuf, à l'Image S. Loüis.

Dictionaire pratique du bon Ménager de Campagne & de Ville, qui apprend generalement la maniere de nourrir, élever & gouverner, tant en santé que malades, toutes sortes de Bestiaux, Chevaux & Volailles ; de sçavoir mettre à son profit tout ce qui provient de l'Agriculture ; de faire valoir toutes sortes de Terres, Prez, Vignes & Bois ; de cultiver les Jardins, tant Fruitiers, Potagers, que Jardins Fleuristes ; de conduire les Eaux, & faire generalement tout ce qui convient aux Jardins d'Ornemens : Avec un Traité de tout ce qui concerne la Cuisine, les Confitures, la Pâtisserie, les Liqueurs de toutes sortes ; les Chasses differentes, la Pêche, & autres divertissemens de la Campagne ; les mots Latins de tout ce qu'on traite dans ce Livre, & quelques Remarques curieuses sur la plûpart ; le tout en faveur des Etrangers, & de tous ceux qui se plaisent à ces sortes de lectures. Ouvrage tres-utile dans les Familles. Par le Sieur *Loüis Liger*, in 4. 2. vol.　　　　10. l.

Abregé Chronologique de l'Histoire de France, *par le Sieur de Mezeray*, Historiographe de France. Nouvelle édition, augmentée de l'origine des François, & de leur établissement dans les Gaules ; de l'état de la Religion, & de la conduite de l'Eglise dans les Gaules jusqu'au regne de Clovis, & de la Vie des Reines que l'on a tirée de sa grande Histoire imprimée en 1685. en 3. vol. in folio. In quarto 3. vol.　　　　25. l.

———— *Idem* in 12. 10. vol.　　　　25. l.

Numismata Ærea Imperatorum, Augustarum & Cæsarum in Coloniis, municipiis, & urbibus, jure latiò donatis, ex omni modulo percussa, Auctore Joanne Foy-Vaillant Bellovaco, Doctore Medito, & Serenissimi Ducis Cenomanensium Antiquario Paris. excusa, in fol. 2. vol. 36. l.

Biblia sacra, Vitré, *folio*,　　　　40. l.

Les Loix Civiles dans leur ordre naturel, le Droit public, & *Legum delectus*, fol. 2. vol. 20. liv.

———— Les mêmes, *in* 4. 6. *vol.*　　　　36. l.

L'Art de Tourner, ou de faire en perfection toutes sortes d'Ouvrages au Tour : ouvrage tres-curieux & tres-necessaire à ceux qui s'exercent au Tour ; Latin & François, *fol.* 15. l.

Œuvres diverses du Sieur D.... avec un Recuëil de Poësies choisies de M. de B... 2. vol. in 12.　　　　5. l.

Traité de la Police où l'on trouvera l'histoire de son établissement, les fonctions & les prérogatives de ses Magistrats, toutes les Loix & tous les Reglemens qui la concernent. On y a joint une description Topographique de Paris & huit plans gravez qui representent son ancien état & ses divers accroissemens ; avec un Recuëil de tous les Statuts & Reglemens des six Corps des Marchands & de toutes les Communautez des Arts & Métiers, *fol.* 2. *vol.*　　　　50. l.

Les Œuvres de M. de la Mothe le Vayer, *in* 12. 15. *vol.*　　　　36. l.

Le Diable Boiteux, *in* 12.　　　　2. l.

Les conseils de la Sagesse, contenant les Maximes de Salomon les plus necessaires à l'homme pour se bien conduire soi-même, *in* 12. 2. *vol.* 1714.　　　　4. l. 10. s.

Amusemens serieux & comiques, par M. du Fresny. *in* 12.　　　　1. l. 10. s.

Les Œuvres *de Clement Marot de Cahors, Valet de Chambre du Roi*, revûës & augmentées de nouveau, *in* 12. 2. *vol.*　　　　6. l.

Histoire de l'admirable Dom Quichotte de la Manche, *in* 12. 6. *vol. avec figures*, nouvelle Edition, continuée jusqu'à sa mort.　15. l.

La Vie de Guzman d'Alfarache, traduite de l'Espagnol, enrichie de figures, *in* 12. 3. *vol.*　　　　7. l. 10. s.

Œuvres mêlées *de M. de Saint Evremond*, nouvelle Edition, augmentée sur celle de Londres, *in* 12. 7. *vol.*　　　　15. l.

Lucien de la Traduction *de M. d'Ablancourt*, avec des Remarques sur cette Traduction, *in* 12. 3. *vol.* 6. l.

Traduction des Satyres de Perse & de Juvenal, *par le R. P. Tarteron de la Compagnie de Jesus*, nouvelle Edition, corrigée & augmentée, 1714. 2. l. 10. s.

Fables choisies, mises en Vers *par M. de la Fontaine*, enrichies de figures, *in* 12. 5. *vol.* 10. l.

Les mêmes en un Volume, 3. l.

Histoire de la conquête du Mexique, ou de la Nouvelle Espagne, *par Fernand Cortez*, traduite de l'Espagnol, *in* 12. 2. *vol.* nouvelle Edition, avec figures. 5. l.

Histoire de la découverte & de la conquête du Perou, traduite de l'Espagnol, *in* 12. 2. *vol.* avec figures. 4. l. 10. s.

Les Delices de l'Italie, contenant une description exacte du Pays, des principales Villes, de toutes les antiquitez, & de toutes les raretez qui s'y trouvent, Ouvrage enrichi d'un tres-grand nombre de figures, *in* 12. 4. *vol.* 11. l.

Instructions pour les Jardins fruitiers & potagers, avec un Traité des Orangers, & des reflexions sur l'Agriculture. *Par M. de la Quintinie*, Directeur des Jardins Fruitiers & Potagers du Roi; avec une nouvelle instruction pour la culture des Fleurs. Nouvelle édition, augmentée de la culture des Melons, de la maniere de tailler les Arbres fruitiers, d'un Dictionaire des Termes dont se servent les Jardiniers en parlant des Arbres, & d'une Table des matieres, 1716. *in* 40. 2. *vol.* 12. l.

Nouvelle de Miguel de Cervante, 1 liv.

Les Œuvres de Lucrece, Traduct nouvelle, augmentée de nouvelles remarques *du Baron des Coutures*, *in* 12. 2. *vol.* 5. l.

Traité historique des Monnoyes de France, *par M. le Blanc*, in 4. avec 100. figures, contenant les empreintes des différentes Monnoyes, 9. l.

Traduction nouvelle de Roland l'Amoureux, *par M. le Sage*, 2. vol. *in* 12. ornez de figures, 5. l.

Les Œuvres de Virgile en Latin & en François, *par M. de Martignac*, 3. *vol. in* 12. nouvelle Edition, 6. l.

Traduction nouvelle des Odes d'Anacreon, *par M. de la Fosse*, seconde édition, augmentée de deux Odes, l'une de Pindare & l'autre d'Horace, *in* 12. 2. l. 10. s.

Nouvelle Grammaire Espagnole, *par M. Perger*, *in* 12. 2. l. 5. s.

Histoire universelle ou Traduction nouvelle

de Justin, avec des Remarques, *in* 12. 2. *vol.* 5. l.

Voyage d'Alep à Jerusalem, *in* 12. 2. l.

L'Arithmetique de M. le Gendre, derniere édition 1718. augmentée de la maniere de compter aux Jettons, *in* 12. 2. liv. 10. s.

Le Comté de Cardonne, *in* 12. 1. l. 16. s.

Nouvelle Explication des Fables & Dieux de l'antiquité, *in* 12. 3. *vol.* 7. l. 10. s.

Le Jeu de l'Hombre, augmenté des Décisions nouvelles, & des Regles sur les incidens de ce Jeu, avec la maniere de marquer à la Bavaroise nouvelle édition. *in* 12. 1. l. 10. s.

La Vie de M. de Moliere, *in* 12. 2. l.

Histoire de la Virginie, contenant celle de son établissement & de son gouvernement jusqu'à present, les productions naturelles du Pays, la Religion, les Loix & les Coutumes des Indiens naturels, *par un Auteur natif & habitant de ce pays-là, in* 12. enrichie de figures en taille-douce. 2. l. 5. s.

Ecole parfaite des Officiers de Bouche, qui enseigne les devoirs du Maître d'Hôtel & du Sommelier, la maniere de faire les Confitures seches & liquides, les Liqueurs, les Eaux, les Parfums, la Cuisine, à découper les Viandes, & à faire la Pâtisserie, *huitiéme Edition*, corrigée & augmentée des Pâtes nouvelles, & des nouveaux Ragoûts qu'on sert aujourd'hui: Avec des modeles pour dresser les Services de Table, *in* 12. 1715. 2. l. 5. s.

Les Œuvres de M. le Noble, Baron de S. George, contenant Zulima, Mylord Courtenay, l'Ecole du Monde, l'Histoire de l'établissement de la République d'Hollande, Relation de l'Etat de Génes, Abramulé, Ildegerte, ses Pasquinades, Epicaris ou l'histoire secrette de la conjuration de Pison contre Neron, & celle des Pazzy contre les Medicis, ses Promenades, ses Contes, Fables & Poësies, les Avantures Provinciales, ou le Voyage de Falaise, l'Avare genereux, la fausse Comtesse d'Isamberg, Esope Comedie, Uranie ou le Tableau des Philosophes, Dissertation sur la Naissance de Jesus-Christ, l'Esprit de David, avec la traduction de ses Pseaumes, & de courtes Reflexions. 19. *volumes in* 12. 38 l.

L'Ambigu d'Auteuil, ou veritez historiques, composées du Joüeur, du Nouvelliste, du Financier, du Critique, de l'Inconnu, du Sincere, du Subtil, de l'Hypocrite, & de plusieurs autres personnages de differens caracteres, *in* 12. 1. l. 5. s.

Les Avantures d'Apollonius de Tyr, livre rempli d'evenemens, & écrit dans le même stile que Telemaque, *par M. le B.... in* 12. 2. l.

Le Voyageur Fidele, ou le Guide des Etrangers dans la Ville de Paris, qui enseigne

tout ce qu'il y a de plus curieux à voir : les
noms des Ruës, des Fauxbourgs, Eglises,
Monasteres, Chapelles, Places, Colleges,
& autres particularitez que cette Ville ren-
ferme ; les Adresses pour aller de quartiers
en quartiers, & y trouver tout ce qu'on sou-
haite, tant pour les besoins de la vie, que
pour autres choses : Avec une Relation en
forme de Voyage, des plus belles Maisons
qui sont aux environs de Paris : le tout
pour l'usage & l'utilité des Etrangers, *in* 12.
2. l. 5. f.

Abregé de Geographie, & de tout ce qu'il y a
de plus remarquable dans chacune des quatre
grandes parties de la Terre, particulierement
dans l'Europe & dans le Royaume de France:
le tout mis en ordre pour pouvoir être ap-
pris & retenu facilement par cœur, avec les
routes des postes de France & d'Espagne,
dedié à S. A. S. Monseigneur le Prince de
Dombes, *par M. Poncein, in* 12. 1. l. 5. f.

L'Eloge de la Folie, composée en forme de
Déclamation *par Erasme de Roterdam*, avec
quelques Notes de l'histoire & les belles figures de Holbenius : le tout sur l'original
de l'Académie de Bâle ; piece qui represen-
tant au naturel l'homme tout défiguré par
la sotise, lui apprend agreablement à ren-
trer dans le bon sens. Traduction nouvelle,
par M. Guedeville, in 12. 5. l.

Histoire des sept Sages, *par M. de Larrey, in* 12
2. *vol.* 5. l.

Recueil de bons mots des anciens & des mo-
dernes, nouvelle Edition augmentée, 2. l.

THEATRE DE MESSIEURS

Corneille, nouvelle Edition, augmentée & enrichie de figures en taille douce, 10. *vol.*
in 12. 25. l.

Racine, nouvelle Edition, 2. *vol. in* 12. 6. l.

Campistron, nouvelle Edition, augmentée d'une
Tragedie & d'une Comedie, & ornée de figures, 4. l.

De la Fosse, avec ses Poësies, 2. *vol.* 5. l.

Crébillon, augmenté de Semiramis, 4. l.

Pradon, 3. l.

De la Grange, augmenté d'Ino & Melicerte,
Tragedie, 2. l. 10. f.

Moliere, 8. *vol.* nouvelle Edit. 1718. augmentée
de sa Vie, avec de nouvelles Remarques. 15. l.

Dancourt, 9. *vol.* nouvelle Edition, augmentée
de plusieurs Pieces qui n'avoient point été
imprimées dans les Editions precedentes,
avec figures & musique, 18. l.

Regnard, 2. *vol.* 5. l.

De la Font, 2. l.

De Hauteroche, 2. l. 10. f.

De Nericaut Destouches, 2. *vol.* 5. l.

De Baron, 3. l.

De Legrand, 2. l. 10. f.

Palaprat, seconde Edition, augmentée de plusieurs Comedies qui n'ont pas encore été imprimées, & d'un Recueil de Pieces en Vers,
2. *vol.* 5. l.

De Riviere, 2. l. 10. f.

Boindin, 2. l.

De Champ-Mêlé, 2. l.

De Montfleury, 2. *vol.* 5. l.

De Rousseau, un *vol.* 2. l. 10. f.

De Mademoiselle Barbier, 2. l. 10. f.

Quinault, nouvelle Edition, augmentée d'un
abregé de sa Vie, d'une Dissertation sur
ses Ouvrages, & de l'origine de l'Opera, &
de ses Opera, *in* 12. 5. *vol.* ornez de figures,
12. l. 10. f.

Theatre François, ou Recueil des meilleures
pieces de Theatre des anciens Auteurs, *in*
12. 3. *vol.* 7. l. 10. f.

Theatre Lyrique avec une Préface où l'on
traite du Poëme de l'Opera, & la Réponse
à une Epître Satyrique contre ce spectacle,
par M. le Br. in 12. 2. l.

Pieces nouvelles & séparées.

Mahomet II.
Idomenée.
Atrée.
Electre.
Caton d'Utique.
Absalon.
Cyrus.
Geta.
Les Tyndarydes.
Saül.
Médée.
Herode.
Ino & Melicerte.
Polydore.
La mort d'Ulysse.
Mustapha.
Jonathas.
Habis.
Agrippa, ou le faux Ti-
berinus.
Marius.
} *Tragedies.*

Le Curieux Impertinent.
Les Agioteurs.
L'Amour Charlatan.
Le Naufrage.
Danaé.
Turcaret.
Crispin Rival.
Le Jaloux desabusé.
Les Métamorphoses.
L'Amour vangé.
Esope à la Ville.
L'Usurier Gentilhomme
Esope à la Cour.
} *Comedies.*

Les Fêtes du Cours,
Le Verd Galant,
Sancho Pansa Gouverneur.
La Devineresse.
L'Imptomptu de Suresne.
Les trois Freres Rivaux.
La Coquette de Village, où le Lot suposé.
La Coupe enchantée.
L'Aveugle clairvoyant. } *Comedies.*

Les Airs notez des Comedies Françoises, par *M. Gilliers,* in 4. 9. l.

Medée.
Les Amours déguisez.
Arion.
Telephe.
Les Fêtes de Thalie.
Telemaque.
Les Plaisirs de la Paix.
Theonoé.
Ajax.
Les Plaisirs de l'Eté.
Ariane.
Hypermnestre.
Camille.
Illé.
Le Jugement de Paris.
Les Ages.
Semiramis. } *Opera en paroles.*

Telephe, Opera, noté, 7. l. 10. s.
Medée, noté, 8. livs
Les Plaisirs de la Paix, noté, 8. l.
Le quatrième Livre des Motets *de M. Campra,* 5. l.
Et toutes les autres Pieces de Theatre tant antiennes que nouvelles.
Le onzième volume des Opera, *sous presse.*
Le nouveau Theatre Italien, 2. vol. in 4. 6. liv.
Lettres de Voiture, in 12. 2. vol. 5. l.
Lettres de Vaumoriere, in 12. 2. vol 5. l.
Œuvres de M. Despreaux, avec des éclaircissemens historiques donnez par lui-même, 2. vol. in 4. 12. l.
——— *Idem* Grand papier, 18. l.
——— *Idem* in 12. 4. vol. 8. l.
La Connoissance parfaite des Chevaux, contenant la maniere de les gouverner, nourrir & entretenir en bon corps, & de les conserver en santé dans les voyages; avec un détail general de toutes leurs maladies, des si-

gues & des causes d'où elles proviennent, des moyens de les prévenir, & de les en guérir par des remèdes experimentez depuis long-tems, & à la portée de tout le monde. Jointe à une nouvelle instruction sur le Haras, bien plus étendue que celles qui ont paru jusqu'à present, afin d'élever de beaux Poulains pour toutes sortes d'usages. On trouve aussi dans ce Livre l'Art de monter à Cheval, & de dresser les Chevaux de Manège, tiré des meilleurs Auteurs qui en ont écrit. Le tout enrichi de figures en taille douce, *in* 8. 3. l. 10.

Lettre à M. de ...., sur l'origine des anciens Rois ou Dieux d'Egypte, qui explique ce qui a donné lieu aux Fables des Dieux de l'Antiquité, brochure *in* 12. 1. l.

La Rivale travestie, *in* 12. 1. l.

Nouveau Recueil des plus beaux secrets de Medecine pour la guerison de toutes sortes de maladies, blessures & autres accidens qui surviennent au corps humain, & la maniere de preparer facilement dans les familles, les remedes & les medicamens qui y sont necessaires, avec un Traité des plus excellens preservatifs, contre la peste, fievres pestilentielles, pourpre, petites veroles, & toutes sortes de maladies contagieuses, donnez par une personne charitable, augmentez des veritables Secrets naturels de *M. Lemery,* qui regardent la nature & l'art, avec d'autres Secrets fort curieux, & tirez de ce qu'il y a de meilleurs Auteurs en ce genre. 2. *vol. in* 12. 5. l.

Histoire de Gilblas de Santillanne, par *M. le Sage,* 2. édition, 2. *vol. in* 12. ornée de Figures. 5. l.

L'imitation de Jesus-Christ en vers, *par M. Corneille,* in 12. ornée de figures, 3. liv.

Anecdotes du Ministere du Cardinal de Richelieu, & du Regne de Louis XIII. avec quelques particularitez, du Commencement de la Regence d'Anne d'Autriche. 2. *vol.* in 12. 5. l.

Voyages de Jean Struys, nouvelle édition, *in* 12. 3. *vol.* 7. l. 10. s.

D. Pedrile del Campo, *in* 12. *avec figures.* 2. l. 10. s.

Histoire Genealogique de la Maison de Courtenay, *folio.*

www.ingramcontent.com/pod-product-compliance
Ingram Content Group UK Ltd.
Pitfield, Milton Keynes, MK11 3LW, UK
UKHW020025100726
13658UKWH00003B/1110